망설임

망설임

이 광 우 　첫 시집

머리말

한동안 나이 드는 자신을 잊고 살았다. 살다 보니 한 것 없이 세월만 보냈다. 부지런하지도 못한 인간이 게으르지도 못하고 어중되게 고해의 바다 허우적거리며 살았다.

그래도 이웃과 친구가 있어 여기까지 왔다. 어느 날인가 김용기 시인이 내게 시를 공부해 볼 것을 제안했다. 내 머릿속에 굳어진 논리적 사고가 감성을 불러일으킬까? 문득 김철수 씨의 판화집에 글이 생각났다.
"사과가 떨어졌다/ 만유인력 때문이란다/ 때가 되었기 때문이지"
나도 그렇게 생각할 수 있을까?

시를 공부하며, 생각하는 시간을 자주 갖게 되었다. 모든 사물과 행동에 왜 그럴까 하고 의문을 가졌다. 지나간 추억은 자양분이 되었다.

어린 시절 어머니 아버지 생각이 났다.
그렇게 바삐 자식들을 위해 가시고기처럼 다 주고 가셨는데 그 흔적을 주워 모아 시를 썼다.

나의 아픈 기억이 나의 사랑이 내 자식들이 외손주가 시의 소재가 되었다. 시를 쓰며 사유의 시간이 많아졌다.

이 얼마나 대단한 변화인가?
늘 망설임이 많은 나는 첫 시집을 내는 것 또한 "망설임" 자체였다. 주저하는 내게 "독특한 교수법"과 큰 격려로 길을 열어주신 김종규 교수님에게 깊은 존경과 감사드린다.

2024년 5월 여의도에서
시인 이 광 우

차 례

머리말/ 4

제1부 **봄이 오는 소리**/ 13

웃음/ 15
봄이 오는 소리/ 16
남도의 봄/ 17
비 오는 날의 풍경화/ 18
꽃비 내리네/ 20
봄 소풍/ 21
봄바람이 남긴 냄새/ 22
힘겨운 시간에도 봄은 오고 있어라/ 24
오월 산이 아름다운 이유/ 26
예전의 시골에는/ 28
꿈속에 그린 고향 풍경/ 30
명성산 설움/ 32
봄바람 불어오는 날/ 33

제2부 **사랑한다 말할까** / 35

어떤 사랑/ 37
사랑한다 말할까/ 38
행복한 슬픔/ 40
네가 사랑스러운 이유/ 41
착각/ 42
비 오는 날 종각역에서/ 43
그때는/ 44
혼자 하는 사랑/ 45
꽃길/ 46
마른장마/ 47
천 년의 고독/ 48
강물 흐르듯/ 50
사랑은 개별적인 것/ 52
아픈 이별을 보며/ 53
해바라기/ 54
슬픈 이야기 약속/ 56

제3부 솜바지와 어머니/ 57

홀로 있음에 웁니다/ 59
솜바지와 어머니/ 60
황도 복숭아/ 62
객지에서 맞은 봄추위/ 63
달고나 추억/ 64
거리에 서서 운다/ 65
물장구치던 여름/ 66
아버지와의 여행/ 68
닮은 꼴/ 69
자식은 손님이여/ 70
아버지의 겨울과 만두/ 72
장모님 생각/ 74
아내 음식 솜씨의 진화/ 76
귀한 손자 낳은 날/ 78
흔적/ 80
아내의 손/ 82

제4부 비 갠 날 벗을 그리며 / 83

주름 / 85
그리운 소리 / 86
마티스의 춤 / 88
그때나 지금이나 / 90
뒤뜰의 칸나 / 92
셋방살이 비애 / 93
그때는 이웃이 있어서 웃었다 / 94
못다 한 우정 / 96
친구의 상가 / 98
부질없는 전화 / 100
비 갠 날 벗을 그리며 / 102
종점 애상 / 103
입사 동기 K / 104
처갓집 음식 / 106
코로나와 괴물 / 108
가고 싶은 길 / 110

제5부 그리다 만 자화상/ 111

망설임/ 113
주말 아침 창가에서/ 114
색소폰 애가/ 116
소중한 것/ 118
토요일 오전/ 119
모닝커피의 행복/ 120
바쁜 세상에 친구가 되어/ 122
그리다 만 자화상/ 124
세상 편히 사는 방법/ 125
세상 사는 이치/ 126
손녀 사랑/ 127
새 생명이 태어나던 날/ 128
겨울왕국의 행복/ 129
외손녀와 해님/ 130
속마음/ 131
초여름 촌부의 행복/ 132

제6부 잊혀진 가시의 꿈/ 133

다시 오지 않을 것에 대하여/ 135
네 이웃은 있는가/ 136
세상 살아가는 이야기/ 138
힘겨우세요/ 140
못된 심사/ 142
미완의 장, 막 내리다/ 144
똥이 되고 싶소(1)/ 146
똥이 되고 싶소(2)/ 148
행복했다 말하고 싶다/ 150
변할 수 있을까_다른 놈을 뽑았었나/ 152
잊혀진 가시의 꿈/ 154

에필로그/ 156

제1부 **봄이 오는 소리**

웃음
봄이 오는 소리
남도의 봄
비 오는 날의 풍경화
꽃비 내리네
봄 소풍
봄바람이 남긴 냄새
힘겨운 시간에도 봄은 오고 있어라
오월 산이 아름다운 이유
예전의 시골에는
꿈속에 그린 고향 풍경
명성산 설움
봄바람 불어오는 날

웃음

새봄이 왔다.
연노랑 무지개 소리를 낸다.
달음질치는 아이들 속
꽃은 피고 있다

나무에도
산에도 들에도
아이들 얼굴 활짝
꽃이 핀다.

봄이 오는 소리

더디게 오는 손님
맞으려
마루에 서서 남녘을 보다.

소리 없이 찾아온
봄볕이 처마 밑
묵은 화분
아기처럼 얼굴 내민 애체

누구세요 물어도
대답 없던 넌
말없이 찾아와
따사로운 봄볕이 되었다.

빼꼼히 열린 창틈 사이
싱그런 남녘의 향기 난다.
아마 넌
소리 없이 오나 보다

남도의 봄

훈풍 머금은 따사로운 햇살
손가락 사이
화엄사 대웅전 옆
홍매화 우듬지 위에 봄이 멀다

아직은
눈 덮인 산바람 찬데
바닷바람 입맞춤에
다소곳한 새싹들 꼬물꼬물
언 땅 헤치는 아우성

연노란 얼굴 숨기고
수줍은 듯 돌아서서
짙어가는 새잎 펴
봄볕 맞는다.

이른 봄
허리 굽은 할멈 바구니
벌써 싱그런 봄동 가득하다

비 오는 날의 풍경화

우와 비 온다.
창가에 앉은 호익이
소리치자

우르르
아이들 창가로 달려간다.
처마에 떨어지는
빗소리가 즐겁다.

예쁜 여선생님
먼 길 가야 할 아이들 귀갓길 걱정
아이들은
단축수업이 신난다.

둘둘 말은 책보자기
허리춤에 질근 매고
책 젖는 것은 아랑곳없이
내 달린다.

비 맞는 것도 좋고
기차표 검정 고무신
질척거려도 좋다

집에 가서
미꾸라지 잡으러 갈
생각만 가득하다.

꽃비 내리네

여의도 샛강 벚꽃 피면
지난 시간 그림자 보인다.

지나가는 연인들 모습 속
네가 보이고 내가 있다.

그때도 꽃비 흠뻑 흩날렸다.

봄 소풍

순담 계곡에
진달래 필 때 되면
아이들은 놀 생각에 즐겁다.

김밥에 달걀 두 개
사이다 한 병
점심시간이 끝나면
보물찾기 장기자랑

빤한 하루인데도
신난다.
산이 좋고
강이 좋고
공부를 안 해서 더 좋다.

매번 가는 순담 계곡 도
소풍은 뛰어놀 생각에
즐겁다.

봄바람이 남긴 냄새

봄에 부는 남풍은 상냥한 색깔
모양도 다정하다.
새 각시 냄새 품은 줄기
참을 수 없는 갈망을 일 군다.

봄바람은 기쁨
봄바람은 슬픔
변덕스러운 여인의 마음
때론 사랑스러운 연인이었다
때론 새침한 처녀 같다

바람이 불면
형형색색 꿈 떨쳐 온다.
속마음 감추고 곁눈질로 바라보며
코끝에 살랑거린다.
어깨동무한 꿈, 욕망, 사랑 웃는다

그리고
봄바람은 시간이 지나면
꽃비 내리듯
한 가닥씩 떨어져
꾸겨져 버려진다.

봄바람은 쓰레기 더미
넘어온 냄새였나

힘겨운 시간에도 봄은 오고 있어라

힘겹게 연 문틈
봄이 살며시 내려앉았다.
개나리 핀 울타리 노란 물감
빼꼼히 열린 대문 사이
흩어지게 분홍빛 진달래 짙다

입맛 없는지 오랜 것 잊고
밥을 먹고 싶다
새콤한 고추장에 채소 뜯어 넣고
한 양품 비벼서
성큼성큼 한 숟가락
입 안 가득 봄 향기 느끼고 싶다

연한 잎 쏘옥 내민 나뭇가지
내게 손짓하여 부른다.
따사로운 햇살 맞으며 꽃 마중하자

마루 깊숙이 찾아온 햇볕
힘겨운 내게 아주 나직한 목소리
내게 조용히 속삭인다.
나와 함께 들로 가자.

오월 산이 아름다운 이유

그냥 푸르게 보았던 산
가까이 다가서 보니
숨은 얼굴 보인다.

오월이 되면 들풀 나무 성하다
참나무, 소나무, 떡갈나무
도토리나무 사이에 싸리나무

숲 못 미친 둔덕
꽃마리, 주름잎, 제비꽃, 광대나물,
조팝나무, 민들레, 철쭉
말벌, 애호랑나비

푸르른 속 연분홍도 있다.
새벽 골짜기 엉금엉금 기던 안개
산봉우리 밑턱구름 걸렸다.

오월의 산은 화려하기보다
웅장하기보다, 예쁘기보다
잘 생기기보다
그저 푸르러서 아름답다.

예전의 시골에는

겹겹이 둘러 굽어진
잔 다랑이 논배미
나락 익어가는 소리
쏴라락 쏴라락
산바람에 여물어간다

메뚜기잡이
한창인 아이들 웃음소리
시끌벅적 한차례 지나고 나면

동네 아낙네
칭얼거리는 아기 들쳐 업고
갓 지은 밥 식을라
새참 내오는 발걸음 소리
바쁘다

멀리서 기웃거리던
이웃 논 명석이
새참 먹자고 부르는 소리

이미
막걸리 한잔
배부르게 먹어 재꼈다

꿈속에 그린 고향 풍경

물먹은 화선지
뚝 떨어진 먹물 정적을 깬다.
새벽안개 낀 먼 산
벼 익어 가는 논두렁
새색시처럼 퍼져 나간다.

뛰놀던 아이들
한둘 흩어져 집 찾아가면
동구 밖에서 들려오던 워낭소리
달구지 대롱대롱 매달린 망태
뽀얀 분 내놓는 햇감자

어둑해지는 마을 어귀
교회 종탑에 걸린 보름달
환하게 앞마당에 들어서면
초가 굴뚝에 모락모락 연기 오르고
화톳불 피워 놓은 멍석

우물가 화덕에 익어가는 옥수수
보글보글 성난 거품소리
무쇠 솥뚜껑 무거워

마음 급한 아이
엄마 품에 매달려 칭얼대던
꿈에 그린 고향마을

명성산 설움

천년 꿈꾸든 들녘 바라보던
피 끓는 원통함
울며 달래던 서러운 산야

드리니 마을 지나며
물 한 모금 소중한 깨달음
명성산 기슭 가파른 석벽
거친 가슴 드러낸다.

누가 알았으리오
태봉국 철원성 천도하며
꾸었던 천년 제왕의 포부
한낱 꿈이었나.

한탄강 넘어
북송악 하늘 바라보고
애통하여 통곡한 사내
명성산 꽃으로 지다.

봄바람 불어오는 날

봄바람 불어오는 날
나는 꽃이 되어 흩날리고 싶다
그리운 임 어깨에 가만히 앉아
그녀의 눈길 받고 싶어라.

봄바람 불어오는 날
그대 사랑이 되어 기대고 싶다
봄내 가득한 벤치에 앉아
나 그대에게 고백하고 싶어라.

봄바람 불어오는 날
함께 꽃비가 흩날리는 길
너와 나 서로를 바라보며
행복한 노래 부르고 싶어라.

봄바람 불어오는 날
나는 꽃이 되어 흩날리고 싶다
그리운 임 가슴에 안겨
그녀의 사랑 홀로 받고 싶어라

제2부 사랑한다 말할까

어떤 사랑
사랑한다 말할까
행복한 슬픔
네가 사랑스러운 이유
착각
비 오는 날 종각역에서
그때는
혼자 하는 사랑
꽃길
마른장마
천년의 고독
강물 흐르듯
사랑은 개별적인 것
아픈 이별을 보며
해바라기
슬픈 이야기 약속

어떤 사랑

예전에는
그녀가 나를 생각하면
그냥
눈물이 난다고 했다

지금은
내가 그녀를 생각하면
그냥
눈물이 난다.

사랑한다 말할까

사랑한다고 말하는 것은
진정한 사랑이 아니다.

멀어질까 두려워
옆 눈으로 바라보다.
슬며시 다가서 보지만
숨이 멈춘다.

네가 좋아 말하고 싶지만
멀어질까 두렵다

아쉬움에 한숨짓고
그리움에
스르륵 눈물이 난다.

사랑은 두려운 것인가?
남들은 다 사랑한다.
잘도 말하는데

마음 들킬까 봐
바라보기만 해도
가슴이 시려온다.

정작
사랑한다 말 못 하고
사랑은 말로 하는 것이
아니라 한다.

행복한 슬픔

보는 것만으로도
기쁨이 넘쳐서
죄가 될까 두렵다

너무 사랑스러워
욕심을 낼까 두려워
혼자 떨었다.

그렇게 이백오십구 일
사는 즐거움이 사라졌다

스치고 지나가는
모든 것들이
숨을 멈추고

분명
살아있는데
나는 없다

네가 사랑스러운 이유

네가 사랑스러운 이유는
봄에 찾아든 영산홍 닮아서일까?
바라보는 내가 네가 되고
네가 꽃이 되어서
가득 만개한 분홍빛 때문일까

네가 사랑스러운 이유는
웃어주는 해국을 닮아서일까
바닷가 돌 틈 뜨거운 햇살
긴 기다림 견디다
꽃이 되어 버린 사랑 때문일까

네가 사랑스러운 이유는
우아한 목련을 닮아서일까
보면 볼수록 아름다움에 취해
슬며시 안고 싶은 사랑
당신은 영원히 내 사랑이 되고 싶소.

착각

거리에 나선 지
오래여서일까

당신과 함께
걷는 내내

모두
우리만 바라본다.

비 오는 날 종각역에서

비가 오는 날이면
무심히 타고 내리던
종각역

4번 출구 앞
내 수줍은 젊은 날
그곳에 기대어 서 있다.

때 묻은 계단 오르며
자꾸만 눈이 가던
계단 끝 모퉁이

일요일이면
스케치북 화구박스 챙기며
들뜨던 가슴

4번 출구 앞
기다리던 그날도
비가 내렸다.

그때는

그래 그때는 그랬지
네가 너무 예뻐서
아무 생각이 나지 않았어.

돌아오는 길에
내가 왜 그랬을까?
후회했다

며칠이나 네가 어떻게 생각할까?
궁금했지만, 물을 수 없었어.
두려웠거든

그런데
아무 일 없다는 듯
나를 대하는 너

안도함보다는
서운해서 울었어.
그때

혼자 하는 사랑

내게는
아무도 모르는
기쁨이 있습니다.

너무 소중해서
말할 수 없습니다.

오늘도
내게 그녀가 있어
행복합니다.

꽃길

꽃이 없어도
궂은 날씨
비가 내려도
뜨겁게 내리쬐는 햇살 뿐이라도

당신 손잡고 간다면
꽃길

마른장마

너를 향한 마음은
늘 갈증으로 가득하다.

유월
뜨겁던 열정 붉게 타고
초여름 태양
푸르름 가득한 잎
가쁜 숨을 쉬게 한다.

풀 죽은 나뭇잎
한바탕 내린 소낙비
오히려 목이 타 오른다.
너를 향한 그리움으로

구름 없는 하늘에
한가롭게 잠자리 날고
하늘만 바라보던 그 잎새들
갈등 겨워 푸석거린다.

천 년의 고독

익선관 우아한 날개
그 하나만으로도
인품 높은 선비거늘
천년의 인고를 겪어 은 너는
임 그리는 노래조차 청아하다.

뜨겁게 내리쬐는 태양
이따금 스쳐 가는 바람
가끔 한줄기 소낙비 내리는 여름날은
네게는 어떤 의미일까?

네 모습
긴 시간 환골하며 겪은 삶
맴-맴-맴-매애앰
노래할 때
피 마르는 애끓는 사연 있었구나.

아 그대여
뜨거운 햇볕
쉬지 않고 뿜어내는 열기 속
네 사랑의 고백은 끊임없어라.

사모하는 여인
애타게 찾는 슬픈 노래
맴-맴-맴-맴-매애앰
숙명일까
지고한 사랑의 시간 서럽다.

강물 흐르듯

잊지 않겠다는 약속
세월이 지나고 나면
다 부질없는 것

시간을 꼭 붙잡아 놓을 수 없다면
그냥 놓아주세요.

강물 흐르듯 우리사랑
바다를 향하여 흘러 간다.

깊은 숲 시작한 해맑은 너
흐르고 흐르다 보면
또 다른 줄기 만나 강물 되고

개울물 송사리 품던 너도
알지 못하는 이들 틈에
새로운 삶속에서 만나겠지

잊지 않겠다는 약속
세월이 지나고 나면
다 부질없는 것

사랑은 개별적인 것

앞마당 목련 한창이면
청초한 그대 모습에
마음 빼앗겨
달빛 환한 창밖
등불 품은 그대 모습 서러워

밤은 점점 깊어져 가고
내 사랑 하는 마음
그대는 모르리
북녘 하늘 바라보는 숙인 고개
몇 번이나 마음 돌이켜 보아도

그대는 먼 하늘만 바라보았네
사랑은 개별적인가?

네 사랑과 내 사랑이 다르다는걸
그때는 알지 못했네.

아픈 이별을 보며

들추고 싶지 않은 책장
한참 서성이다

보고 싶지 않은 이별 사연
만지작만지작

정녕 헤어져야 하는 운명일까?
이들은 다시 만날 수 있을까?

아픈 이별은 울려오는 징 소리

해바라기

나는
당신의 해바라기
지난밤 숙였던 고개 들어 봅니다

찬란한 빛으로 단장한
당신을 바라본 죄로
눈은 멀고
아픈 흔적만 알알이 박혀
서녘에 걸친
당신 모습에 웁니다.

하나뿐인 사랑
가슴속 깊은 곳에
그리움으로 남았는데
아무렇지도 않은 듯
떠나는 당신에게
웃음 보냅니다.

나는
당신의 해바라기
노을 짙은 하늘이 서럽습니다.

아름답던 한낮의 열정
행복했던 추억만 남아
그리움만 사무치는데
오늘도
무심한 서쪽 하늘만 붉어집니다.

슬픈 이야기 약속

그래요
지키기 힘듦을 알기에
꼭 만나자고
손가락 걸었다

누구나 지킬 수 없음을 알기에
나는 오늘도
그 약속 낯선 얼굴 보여
서성인다.

영원히 떠 있을 줄알았던 태양
어느새 서쪽 하늘
붉게 물들어 울고 있다

우리의 아름답고 슬픈 약속
떠난 줄 알면서
다시 손가락 걸었다

제3부 솜바지와 어머니

홀로 있음에 웁니다
솜바지와 어머니
황도 복숭아
객지에서 맞은 봄추위
달고나 추억
거리에 서서 운다
물장구치던 여름
아버지와의 여행
닮은 꼴
자식은 손님이여
아버지의 겨울과 만두
장모님 생각
아내 음식 솜씨의 진화
귀한 손자 낳은 날
흔적
아내의 손

홀로 있음에 웁니다.

문득
어머니 생각이 나서
서럽게 울었습니다.

아무도 없는 공허함에
어머니하고
불러 보았습니다.

언제나 내 곁에
있어 주실 것 같던
어머니 품 그립씁니다.

어머니
어머니
불러 보고서야
홀로 있음에 웁니다.

솜바지와 어머니

엘사 공주 옷 입고 가겠다.
고집부리는 손녀 바라보다

문득
어머니 생각
한 줄 추억 젖어 든다

철없이 울었던 내 모습
왜 그랬을까

문혜리* 추운 겨울바람에
부실한 자식 추울까

어머니
밤새 여민 검정 솜바지
안 입겠다고 울던 기억

어머니
그 검정 솜바지
가슴 저며 옵니다.

*문혜리 마을은 강원도 철원군 갈말읍에 소재하고 있으며 겨울이 다른 어떤 곳보다 매우 춥습니다.

황도 복숭아

몸에 열 오른 아이
어머니가 지끈 묶어준 머리띠
훈장처럼 매만지며
삼복 중 매미 울 듯
앓는 소리

조반도 거른 아이
참기름 냄새 가득한 죽 쑤어줘도
시큰둥 본 척도 안 한다.
"애야 무엇이든 먹어야지
뭐 먹고 싶은 것 없느냐."

걱정스러운 어머니 다시 묻는다.
"그럼, 황도 통조림은"
조용하던 아이는
고개만 까딱하고 속으로 웃는다.

황도 노오란 속살 생각에
침이 꼴깍 넘어간다.
아이는 매일 아프고 싶다

객지에서 맞은 봄추위

초임 받아
혼자 살던 시절
어머니가 내려오셨다.
두 손 가득 보따리 드시고

이맘때가 되면
정구지 젓갈에 무쳐서
갓 하신 뜨거운 밥에
입맛 돋아주시던 생각

소소리 바람결에
감기 들까
소매 여미라며
목도리 꼭 매어주시던
어머니

그때는
부산 앞바다에서 불던
바람이 참 찼다

달고나 추억

달고나 아저씨 오면
엄마 지갑에
어린 손 집어넣어
푼푼이 모은 돈 꺼내
달고나 사 먹고

하루 종일
가슴 두근두근
입에는 달콤한 달고나 빨던
자국 가득하다

시치미 뚝 떼고
할머니 치마폭
얼굴 묻고
얼굴 붉히며 말하던
철없는 거짓말
엄마가 몰랐을까?

거리에 서서 운다

문혜리 사거리
사진관 모퉁이 길

아침마다
학교에 가기 싫은 아이

연필 길이 짧다고
기성회비 안 준다고
서서 운다.

몹시 춥던 날
밤새 여민 솜바지
싫다고 울며 섰던 골목길

오늘은
칠순 넘은 사내
눈시울 붉어 서서 운다.

물장구치던 여름

햇살이 뜨거울수록 좋다
아침부터
튜브를 들고 뛰어온
강 언덕에는 옥수수 익어
붉은 수염을 내놓았다.

아이들 멱감는 소리
물장구치는 소리
계곡에 울리고
넓은 바위 위에 올라
뛰어내리기 내기를 한다.

한 참 놀다
바위 위에 누워서
젖은 몸을 말리고
배가 고프면
이웃 콩밭에 서리를 간다.

주둥아리가 시꺼먼 채로
집으로 가고
어머니께 야단맞는다
어린 날의 여름은 행복했다.

아버지와의 여행

중학생 때였다
추운 겨울

아버지 따라
기차여행을 했다.

밤 기차가
대전역에 서자
아버지는
냄비우동을 사주셨다

오늘도
기차는 대전역에 잠시 섰다.

나는
실눈 얇게 뜨고
물끄러미 바라보다.
잠이 들었다.

닮은 꼴

물끄러미 아버지 사진을 보다가
콧등을 만져 보았다
그래 코가 닮았구나!

아들 녀석이 걷는 모습 보다가
문득 아버지 생각이 든다.
그래 팔자걸음이 닮았네!

외손녀의 자는 모습
얼굴을 무심코 보다
깜짝, 놀랐다
"어쩜 빗자루 눈썹이야."

피 도둑은 못한다더니
발가락이 닮은 모습 보고
웃음이 나온다.

자식은 손님이여

명절이면 찾는
고향마을은 언제나 거기에 있다.

집 앞 지나가는 누렁이 꼬리 흔들고
처마 밑에 매어둔 무청 시래기 풀 때
한가로운 마을 어귀의 자동차 소리

아이고,
내 새끼 왔네!
손주 품는 노모의 손
바쁘게 움직인다.

어머니는
매번 없다고 하면서
오목조목 자식 줄
봉다리만 늘어난다

지난가을
어렵게 거두어둔
온갖 산나물 챙겨
괜찮다는 자식에게 준다.

모두가 떠난 초가에
홀로 남은 노모는
묻지도 않았는데
"자식은 손님이여"

아버지의 겨울과 만두

지금도 생각이 난다.
화지리 들판 하얀 겨울이 오면
도란도란 둘러앉아 만들던 만두

서울서 오신 아저씨들과
사냥을 다녀오신 아버지 즐기시던 만두
토끼도 꿩도 노루도
그냥 만두 속
그때는 참 들짐승이 많았다.

그런 날이면
밀가루를 물에 개어
치대다가 안방 아랫목에 묻어
찰진 반죽이 되면 밀대로 밀어
만두피 만들어 주시던 아버지

아버지 어머니
형님과 나는 만두 만들고
막냇동생 태우는 말과 토끼 만들고
영숙이 영자는 별과 달을 엮었다

추운 겨울날
눈이 펑펑 내리는 밤
색 바랜 흑백사진 속 모습…
쪄서 먹고 구워 먹고 끓여서 먹던
무쇠솥 끓는 소리와 뿌연 김이 올라
우리 집 겨울은 풍요롭다.

요즘도
딸이 외손녀 함께 오는 날이면
나는 사위와 만두 만든다.
외손녀는 하얀 공주 되고
손에는 기다란 지렁이 한 마리
기어서 간다.

그런 날이면
아버지 생각이 나서
손 시려 호호 불며 장작 지펴
끓이던 무쇠 솥
모락모락 김에 어리는 만두
그립다

장모님 생각

말없이 웃기만 하시던
장모님 구순 넘기셨다
얌전하고 예쁘시던
두 뺨 살이 빠지시고
걷는 것조차 어려우시다.

그래도 여전히
잘 드시니 다행이다
평생을 어려운 시집살이
시동생들 뒷바라지
다섯 남매 낳아 키우시느라
고생만 하셨는데

장인어른 먼저 보내시고
큰처남까지 앞세우고
아픈 세월만 사십 년이 지났다.
그래도 늘 새벽이면
무릎 꿇어 기도하는 어머니

요즈음 들어 부쩍 여윈 모습
마음 바쁘다
어떻게 기쁘게 해 드릴 수 있을까?
외손녀 보면서
장모님 생각이 깊어진다.

아내 음식솜씨의 진화

노량진역 앞 구청 건너편
이성헌 산부인과 옆 골목 오른편 끝 집
봄이면 자목련이 예쁘게 피던 집
사랑채에 차린 신혼집
소꿉 같은 부엌살림

당신은 그때를 기억하나요.
아침마다 식사 준비
설익고 짜고 싱거워
아침을 건널목 건너듯 하던
신혼 시절

새 아파트에 입주한다.
직장동료들이 갑자기 몰려왔을 때
안절부절 중화요리 시켜
어설프게 대접한 기억

이제 아이들도 다 커서 살림나고
엄마 음식 솜씨가 최고라네
그 세월
당신의 설익었던 음식도
김치 익어가듯 익어 가나 보오.

귀한 손자 낳은 날

금세라도
쏟아질 듯 먹구름
심술부리는데

김 서방 네 집 안방
물 한 그릇 쌀과 미역 한가락
가지런히 올려놓은 삼신상 넘어
짚 사이에
아기 울음소리 기운차다

대문에 왼새끼 꼬아
금줄 매달며 숯덩이 사이에 고추
매달고 싱글벙글

아이고
한여름에 산고 치른
며느리 고마워

시어머니 더운 줄도 모르고
삼복 중
여름 화덕에는
미역국이 익어만 간다

흔적

비가 내리는 퇴근길
빈대떡에 막걸리 한잔
누룩 냄새 난다는 아이들 성화에
건넛방에 밀려 티브이를 보다
어린 시절 생각을 한다.

이른 아침부터 밤이 늦도록
채소밭에 김매던 손으로
나직한 불빛 아래
구멍 난 양말 꿰매던 모습

새벽녘 식어간
사랑채 구들 깊이
군불 지피시며 헛기침하시던
아버지

아랫목이 후끈 달아
이미 그을린 지 오랜데
여전히 누러 버린 장판 위에
메주가 익어가던 초가

배어버린 화독내
메주 뜨는 할머니 냄새난다.
킁킁거리며 못마땅해하던
철부지 남매

익숙해지지 않던 화독내
메주 뜨는 냄새
지금은 가끔
그 냄새가 그립다

아내의 손

맞벌이하는 딸네 집
손녀의 육아는 양가의 큰일
보름씩 사돈댁과 아내가 번갈아
손녀 뒷바라지 정신없다

이렇게 힘든 일이었나.
새록새록 생각나는 기억
젊은 날 바쁘게 일하던 시절

내게 걸려 온 아내 전화
두 아이 키우는 일 힘들다 운다.
"남들 다하는데 왜 당신만 이러냐고…"
핀잔주었던 미안함

이제사
가만히 손잡아본다.
이제 거칠어진 손마디 굵다

제4부 비 갠 날 벗을 그리며

주름
그리운 소리
마티스의 춤
그때나 지금이나
뒤뜰의 칸나
셋방살이 비애
그때는 이웃이 있어서 웃었다
못다 한 우정
친구의 상가
부질없는 전화
비 갠 날 벗을 그리며
종점 애상
입사 동기 K
처갓집 음식
코로나와 괴물
가고 싶은 길

주름

"할아버지 얼굴 아파"
"아니"

가만히 손주 손 뿌리치고
거울 바라보니

지난
세월의 기억들이
이마에 앉아 있다

그리운 소리

장터를 지나다.
강냉이 튀기는 아저씨
"뻥이요" 소리

내 어린 시절 들은
"철거덕 철거덕"
엿장수 가위소리

"얘들아 밥 먹자" 부르시던
어머니 목소리
주일 아침 예배를 알리는
예배당 종소리

그 추운 겨울
멀리서 점점 가까워지던
"메밀묵 사려" 외치던 소리
하루 종일 틀어놓은 라디오 방송
크리스마스 캐럴 멈췄다

학교 앞 빵집에 재잘재잘
여학생들 "까르르" 웃음소리
그립다

하늘 닿은 마천루 보며
잊고 사는 동안
할머니 이야기 속
호랑이 썩은 동아줄 내리던
스르렁 소리 잃어버렸다.

마티스의 춤

무아의 경지 유영하듯
환희에 찬 역동적 순간
빨라지는 원무 속
손을 잡고 하늘 향해 발꿈치를 들었다
곧이 세운 몸은 뒤틀려
휘감아 숭고한 삶을 노래한다.

남국의 열정 가득 찬 동산
남녀 어울림 음률로 넘쳐난다.
그들은 무엇을 말하는가
표정이 없이 흔들리는 젖가슴
여인의 자태는 흠뻑 젖어 끌리듯 이끌린다.

한결같이 눈길은 땅에 머물고
벌거벗음 부끄러움도 잊은 채
이미 붉어진 육체는
공간 속 흐느적거리며
각자 다른 춤사위로
살아온 삶의 애환을 외치고 미소 짓는다.

음악에 취함일까
사내의 발은 땅을 딛고
빠른 템포에 힘겨운
쓰러질 듯 매달린 여인 손 잡으려
힘차게 손을 뻗었다

얼굴 옆으로 돌린 그녀
눈을 맞추어
오랫동안 풍요로운
사랑을 노래한다.

기쁨의 순간도
삶의 환희도
삶의 슬픔도
마티스의 붓끝에 함께 춤을 춘다.

그때나 지금이나

돌이켜 보니 젊은 날
생각이 많았구나.
사랑, 우정, 낭만, 인생
그리고 부모님

돌이켜 보니 젊은 날은
할 일이 많았구나
공부, 연애, 여행, 아르바이트, 취업 준비

돌이켜 보니 젊은 날은
눈물도 많았구나.
시련의 아픔
낙방의 슬픔
얄팍한 주머니
뜻대로 되지 않는 모든 것

이제 와 생각하니 인생이
다 그런 것이었다
아직도 사랑은 슬프고
친구 그립고
자식 생각에 안타깝다
지금도
세상은 뜻대로 되지 않는다.

뒤뜰의 칸나

비가 내린 날
아침이 밝기도 전
스르륵 방문을 열면

꽃잎 하나 새롭게 쓰윽
내민 네 모습
내 키도 한 뼘 자란다

영롱한 빗방울
또르륵
흘러내리던 싱그린 잎

꽃밭은
고단한 일상
어머니의 기쁨

여름비 한 차례 지나면
꽃잎 쓰윽 솟는
꿈을 꾼다.

셋방살이 비애

가만가만
일러준 이야기

주인아저씨보다
먼저 들어와야 해

휴일이면
일없이 처가 가고

그리고
밤이면 전기세 나온다고
일찍 자란다.

그때는 이웃이 있어 웃었다

칠십 넘어 돌아보니
인생은 참 아름다웠다
그렇게 화창한 날들이 많은 줄이야.
소심하게 디딘 세상
혼자가 아니었다.
이웃이 있어서 웃었다

가난한 셋방살이도 웃었다
아침이면 시끌벅적한 시장 통
이따금 막걸리에 빈대떡 한 접시
김치 한 사발
비 오는 날이면
이웃끼리 둘러앉아 웃었다.

처음으로 받아본 월급봉투
어쩌다 잃어버리고 내내 아쉬워했다
지금 생각난다.
선배들이 십시일반으로 메워주던 일
참 따뜻한 직장이었다.
이웃이 있어서 웃었다.

이제는 다들 어디 있을까
문을 열고 찾아봐도
온통 굳게 닫혀있는 문
열어 줄 문이 보이지 않는다.
함께 웃을 이웃도 없다

못다 한 우정

미안한 생각에
미어지는 듯 가슴
아 · 프 · 다

친구야
인생에 의미를 알 즈음
너를 만나서
그렇게 좋아했는데

그때
우리 정의와 사랑에
취하고 슬픔을 노래하며
만나길 즐겼는데

네가 병상에서
이번 수술이 끝이야
웃으며 밖에서 보자더니
너는 그 약속을 잊었니

친구야
너하고 여행 갈 생각에
적금도 들었는데
다 부질없는 일이었어

친구 상가

아느니 없는 상가
몇 번이나 일어서려 했는데
네가 나를 잡는구나.

주인공은 너인데
주인공 없는 영화 보듯
천장만 바라보다
홀로 서럽다

이 친구야
대답이나 해보게
이렇게 갈 걸 그렇게 바빴는가
내게 못 한 일만 추억하게 하고

처음 만나던 날
호탕하게 웃던 당당한 모습
물끄러미 영정 속 사내
네가 맞구나

친구야
불러주던 네가 가고
나는 남아 네 아들과
참 어색한 인사 나눈다.

일어나지도 가지도 못하고
술에 취한 조문객 사이에
네가 없어 운다

詩作노트/ 이 詩는 2024년 4월 24일 서울대학교 병원에서 소천한 한국지체장애인협회 서산시지회장 김일국을 그리워하며 지은 詩임을 밝혀둔다.

부질없는 전화

얼마 전 한동안 뜸 한 친구에게
전화를 했다
잠시 후 음성 메모하라고 한다

얼마 지나서
지인을 통하여 그 친구
이 세상 친구가 아니라는
이야기를 들었다

오월이 되어서
오랜 은사님에게 전화를 걸었다
잠시 후 음성 메모를 남기라 한다.
가슴이 서늘하다

오후가 되어서
은사님께서 전화가 왔다
병원에서 치료 중이셨다고…
이미 마음은 눈물이 났다

나는
또다시
부질없는 전화를 하게 될까
두렵다

비 갠 날 벗을 그리며

보일 듯 보이지 않는 굽은 기슭
아련한 사연 담아
겹겹이 두른 산봉우리

굽이굽이 고고한 가락 엮었다

벼루와 두런두런 어울린 먹물
물먹은 화선지 고운 결
붓끝 구름 되고 비가 된다.

비 내린 산하는 뭉게구름 덥혀
먼 산 앞산 어우러지고
붉고 연한 꽃 구름 된다.

이제쯤이면
먼 곳으로부터 그리운 벗
찾아오기도 하련만
무심한 안개 속에
앞산 얼굴만 보인다.

종점 애상

어색한 흔듦
스며드는 추위에
호흡마저 어색한데

낯선 가로등 불빛
버스가 멎은 지
오랜 듯 덩그러니
버려진 순간

밤새
정겨웠던 친구는 없고
꼬오옥 쥔 손 펴보니
꾸겨진 편지

그랬구나.
가슴이 시렸나 보다

입사 동기 K

지난 세월 생각하니
너와 함께 웃는 날 많았다
이제 와 돌아보니
그때 당신 고마웠소

눈물 젖은 빵 먹어 봤는가.
물었던 너
앞서서 차지하려는 욕망
채찍질하던 신기루 같은 인생
값비싼 만찬도
때론 고통이라던 너

수많은 사람 오가는 거리
화려한 네온사인
언제나 반겨주던 여인
다 지나가고
낭만도 추억도 사라진 거리

버려진 꿈 주워 담아
너덜너덜해진 시간 꿰매 주며
정신 차리라던 입사 동기

분주한 시간은 추억되고
남아있는 것은
함께 걷던
낡은 구두 한 켤레

처가 집 음식

무뚝뚝한 점촌 사투리로 우스운 말씀
잘하시던 장인어른 심심하시면
노량진 사위를 불러 식사를 즐기셨다
그런 장인어른 환갑을 겨우 사시고 소천하셨다

그때는 너무 철이 없었다.
위암으로 힘들어하시는 장인어른
고통스러워하시는 모습
어찌할 바를 모르고 황망 중에 보내드렸다

장인어른이 가끔 처가로 부르실 때
경상도식 육개장이라고 주셨던 보신탕,
갱식이 허연 배춧잎 부침

자라면서 먹어 보지 않았던 생소한 경상도 음식
먹어야 할지 말아야 할지 망설이다 먹던 음식

영등포 처가에 다녀오면서 투덜대던
불손했던 내 모습이 죄송하다

아이들 출가하고 아내와 둘만 남아
그 생소한 경상도 음식 입맛 드니
장인어른은 계시지 않으신다

이따금 비가 오는 날이면
배춧잎 부침이 생각나고
추운 겨울밤 갱식이 생각난다.
나는 성큼성큼
아버님 곁에 앉아 먹고 있다

이제는 구순이 넘어
걷기도 불편하신 장모님을 보면서
생소한 것도 자주 만나면 익숙해지고
익숙한 것도 멀리하면 멀어지는 것을
뭐가 그리도 어색한 것인지

그때 조금
더 맛있게 먹어 드릴 걸.

코로나와 괴물

2021년 7월
무덥던 날
그늘도 없는 시골길
갈증이 났다.
더위에 숨이 막힌다.

세상은 온통
코로나19가 삼켜 버렸다
길거리는 공허한 광장
인간은 서로서로 만나기를 꺼려
모두 숨어 버렸다

대낮 아스팔트 펄펄 끓어
달리던 자동차 구토를 한다.
내장이 익었다.
퍼져 버린 차
살살 달래어 파출소를 찾았는데
문도 안 열어주고 창밖에서
이야기하란다.

안에 들어가서
더위를 피하고 물 한 모금
마시자고 하니 안 된다고 거절한다.
괴물 보듯 한다.

그날 우린 괴물이었다.
아무도 없는 거리를
오가는 유일한 인간
코로나로 단절된 공간

꽁꽁 닫힌 문
무더위 공허한 거리에 서서
차단된 인간을 바라보며
내가 괴물임을 알게 되었다.

가고 싶은 길

가고 또 가고 손길 어린
꽃 만개한 길
들어서기 어색해
길 옆에 섰다

굳이 길 없는 들판
짓밟혀 눌려버린 들꽃
아무렇게나 자라고 지는
벌판을 바라본다.

누렁소 풀 뜯고
논두렁 기슭 콩잎 푸르러
가을이면
문득문득 코스모스 피는 길

길이 보이지 않아도
그리로
가고 싶소.

제5부 그리다 만 자화상

망설임
주말 아침 창가에서
색소폰 애가
소중한 것
토요일 오전
모닝커피의 행복
바쁜 세상에 친구가 되어
그리다 만 자화상
세상 편히 사는 방법
세상 사는 이치
손녀 사랑
새 생명이 태어나던 날
겨울왕국의 행복
외손녀와 해님
속마음
초여름 촌부의 행복

망설임

밤새 뒤척이다
하나님께 묻는다.

아버지

지금 잘하고
있는 건가요.

주말 아침 창가에서

주말 아침
세상 모든 시계
느리게 간다.

온몸이 햇솜처럼 퍼지고
나른함이 늦게까지 머문다.
거실은 노크도 없이
예쁜 햇살이 정겹게 누웠다

커피 한 잔 들고
창가에 앉아 하늘을 보다.
느린 심호흡을 한다.

나직한 FM라디오 선율
향기 되어 감미롭게 안겨 오고
잠시 눈 판 사이
졸음은 청하지도 않은 자리 편다.

아, 이 시간이 좋다
나른하게 젖어 드는 곤함
웃으며 도닥도닥 다가와
다시 눈을 감는다.

색소폰 애가

고놈 참 화려하게 생겨서
친해 보려고 해도 마음을 안 내준다.

부드럽게 잡고
손가락에 힘을 빼라는데
고집 센 새끼손가락 치켜든다.

살살 잡으려고 해도
새침해서 허리를 빼고는
앙칼스러운 소리를 지른다.

질겁해 정신 줄 놓고
도망가는 멜로디 쳐다보니
메아리 파도친다.

오늘도
낮은 옥타브 '시'를 누리려
새끼손가락 더듬더듬

힘 빼고 부드럽게 감싸 안아도
또, 허리를 쭉 뺀다.
언제쯤 부드럽게 잡혀 줄까

소중한 것

돈이 좋아도 생명보다 소중할까
생명이 소중하다 하나
영혼이 없으면 무슨 소용일까

보석이 있어도
알아보는 눈이 없으면 가치가 없고
가족도 아름다운 연인도
사랑이 없으면 무슨 의미 있나

지혜로운 자 학식이 높아도
허락하시는 이 없으면
무엇이 이로울까

들어 보았는가

"어리석은 자여
오늘 밤에 네 영혼을 도로 찾으리니
그러면 네 예비한 것이 뉘 것이 되겠느냐(눅 12:20)."

토요일 오전

나른한 한 주의 노곤함
기쁨일까
행복일까

빈 벽에 느리게 가는 시계
마련해 놓고
게으르게 살자

해가 중천에 뜰 때
잠을 깨어 보자

토요일 오전에는
면도하지 말고
허리를 시원하게 쭈욱 펴보자

모닝커피의 행복

사무실에 들어서면
가장 먼저 둘러보는 것
함께 모닝커피 마셔줄 동료가 있나
살피는 것이다

일을 시작하기 전
모닝커피 한잔
삶을 나누고 활력을 충전
매일 같이

어쩌다
함께 커피를 마시던 동료
안 보이면 커피 맛이 없다
일을 위한 미팅인가
커피 한 잔, '같이함'이 좋아서인가?
동료가 좋아서인가

어제도, 그제도
그랬다
오늘도 김 국장과 조 국장이 있으면
커피를 마신다.

그것이 직장인의
소소한 즐거움이다

바쁜 세상에 친구 되어

네가 어디서 왔는지
묻지 않겠다.
청나라 산동에도 너 같은 녀석
없다는데

네가 좋은 것은 걸쭉한 화장 사이
튀긴 달콤한 호박 양배추
가끔 씹히는 돼지비계
종종 캐러멜 냄새가 난다
그래도
춘장에 양파를 곁들려야 제맛이지

네 모습이 이국적 향수를 일으켜도
값비싼 치장하지 않아서 막 부르기 좋다
너와는 오랜 친구잖니
중학교 입학하던 날 어머니가 사주셨던
너는 최고였어

이창명이 배달통 들고 바다 가운데
낚싯배에도 나타난다던데
나도 허물없어서
때도 없이 아무 곳에서나
네 생각이 생각난다.

사람들이 너를
청나라 오랑캐라 한다고
마음 상해 검붉은 흙탕 속에
토라져 숨었느냐

그래도
참 감칠 맛 나는 너는
언제나 부르면 달려와 주는
좋은 친구야
바쁜 세상에 너만 한 게 또 있을까

그리다 만 자화상

한동안 들어가지 않던 서재 구석
그리다 만 자화상
반쯤 그린 눈이 나를 본다.

말라버린 팔레트 물감
정지된 시계처럼 서 있다.

눈썹 사이 미간은
찌푸린 주름 자국 완연하다

희끗희끗 퇴색된 머리칼
자꾸 굵어 가는 주름
너 뭐 하냐 묻는다.

보여주고 싶은 얼굴
못 찾은 나
어떻게 그릴까 망설이다
세월은 또 덧칠한다

세상 편히 사는 방법

한동안 섭섭해서
말없이 지내던 아내
한마디 건네는 말

당신, 이 세상 편히 살려면
어떻게 해야 하는 줄 아시오

명심하세요
내비게이션 말 잘 듣고
마누라 말 잘 들어야
탈이 없는 법이요

세상 사는 이치

힘을 빼라
골프 배울 때도 들은 이야기
낚시 배울 때도 듣고
수영 배울 때도 듣는다.

그림 그릴 때도 붓에 힘을 빼란다.
색소폰 불 때도 손가락 힘 좀 빼란다.
망치질할 때도 힘 빼란다.
춤을 출 때도 힘을 빼야 한단다.

그놈의 힘
쓸 때는 없고
쓸데없을 때는
힘이 들어간다.

손녀 사랑

히죽히죽
웃는 친구 얼굴 못마땅해
뭐가 그리 좋을까?

예전에는 몰랐던
꼬물꼬물 손놀림
함박웃음
왜 이리 좋은 거지

더듬더듬
할비 소리에
긴가민가 귀를 쫑긋

자다가도
손녀가 보고파
언제 하지
할.아.버,지

새 생명이 태어나던 날

시계 소리
멈춰 서서 숨죽이고
무릎 꿇어
여호와 하나님

새 생명의 울음소리
경이롭다
하나님의 시간

어디서 왔을까
생명은
영혼의 창조

참 놀라운 일 아닌가.
새 생명의 태어남

난 오늘 하나님을 만났다.

겨울왕국의 행복

루미는 세상을 아름답게 한다.
그렇다
네가 눕고 자고 뛰노는 게 귀하다

네가 오면
우리 집은 겨울왕국이 되고

너는
엘사가 되고
뽀로로가 되고
핑크퐁이 된다.

네가 엄마 따라가 버리면
남은 장난감만
덩그러니…
할아버지 가슴은 허전하기만…

외손녀와 해님

루미가
아장아장 걸어

조그만
그네를 타고

종알종알
노래를 더듬는다.

"해님이 살짝 입 맞췄더니"

그날
하늘에는
해가 두 개 였 다.

속마음

지축에 사는 딸이 온다고
전화가 왔다.

아내와 나는 부지런히
청소하고 시장에 간다.

고놈 좋아하는 게 뭐지?
딸보다는 외손녀가
기다려진다.

초여름 촌부의 행복

고즈넉한 시골집
발 내린 방문 사이에
연신 부채질하는 엄마 품
새근새근 자는 아기

채마밭에 심은 옥수수
수염 붉어 알알이 맺히고
밤새 흙 가르며 솟는 포슬 감자
분내 나는 여름 아침

해는 이미 중천
툇마루 깊숙이 들어서
아침 인사 나눈다.
간밤에는 잘 잤어요.

가지, 오이 다듬던
할머니 손 스르르 내리고
스쳐 가는 골바람 결에
고개 숙여 잠이 든다.

제6부 잊혀진 가시의 꿈

다시 오지 않을 것에 대하여
네 이웃은 있는가
세상 살아가는 이야기
힘겨우세요
못된 심사
미완의 장, 막 내리다
똥이 되고 싶소(1)
똥이 되고 싶소(2)
행복했다 말하고 싶다
변할 수 있을까_다른 놈을 뽑았었나
잊혀진 가시의 꿈

다시 오지 않을 것에 대하여

지나간 것은
모두가 아름다웠다.

아직도 모르는가.
이 순간이
얼마나 소중한지

지나고 나면
다시 오지 않을 것을

젊은이여

네 이웃은 있는가

예수가 물으셨다.
네 이웃은 누구냐
사마리아인이라고 대답했다.

네 이웃은 누구인가
또 물으신다.
...

예수께서 길거리에 물으신다.
예수께서 교회에 물으신다.
예수께서 병원에 물으신다.
네 이웃은 누구인가

나를 사랑한다던 이들은 어디 있느냐
예, 예수님
그들도
교회 안에서만 이웃입니다.

길거리에서도
교회에도
병원에도
광야에도 없습니다.

네 이웃은 없느냐
그렇습니다.
길가에 천사는 코로나19로
히포크라테스는 굶어 죽었습니다.
사마리아인은 강남 간 후 소식이 없습니다.

정말 이웃은 없느냐
아닙니다.
제게 돈을 주시면
이웃이 되어 드리겠습니다.

세상 살아가는 이야기

사람이 모이는 곳이면
좋아하는 사람
싫은 사람
그저 그런 사람들이 어울려 산다

좋아하는 사람으로
새로운 팀을 만들어도
얼마 지나지 않아서
역시
좋아하는 사람,
싫어하는 사람,
그저 그런 사람으로
나뉘고 만다.

사람이 모이는 곳이면
누구나 안다
좋아하는 사람도
싫어하는 사람도
그저 그런 사람도
결국 동료인 것을

힘겨우세요

눈비가 내리고 폭풍우 칠 때
가만히 귀 기울이고 들어 보세요

새들 노래하고 새싹 틀 때
조용히 다가가서 물어보세요.

너희들은 정말 행복하냐고
그들도 누구나 한 가지 걱정은 있어요

생각해 보세요
눈비가 영원히 온 적 있나요
새들도 먹을 양식 걱정 안 하잖아요

한겨울 혹한 속에서도
움틀 희망에 웅크리고 살아요

가만히 느껴보세요
바람은 어떻게 부는지
조용히 바라보세요.
움트는 새싹 돋는 손길

그래요
누구나 혼자가 아니에요
도움을 요청할 용기 필요하지요
용기 내세요.

못된 심사

그날도 오늘처럼
꼭 전화해야지 하고 나갔다
무심히 본 휴대전화
밤이 깊었다.

늘 그랬다
삼 일이 지나고 한 달이 지나고
해가 바뀌었다

올해도 벌써 오월이 코앞이다
은혜를 잊지 말자 던 다짐
잊은 지 오랬나 보다

조금 더 잘 되거든
자랑스러운 제자가 되면 하며
미룬 세월
삼십 년이 지났다

그 사이 한두 분씩 은사님은 가시고
신세 진 친한 형님도 가셨다
다 잊힌 것일까?

오늘도 휴대전화
만지작거리며 무슨 미련에
내일 할까 미룬다.

미완의 장, 막 내리다

여의도는 뜨겁다
국민의 이름
의원질의 서슬 퍼렇다

민생에 눈물 날 성토
정의가 난무하여 유리알 된다.
세상 진심 녹아내려 곳곳이 뜨겁다
국민의 이름으로 질타한다.
'국민을 위하여, 나라를 위하여'

이럴 수 있느냐 흐느낀다.
방청석이 술렁이고 감격 넘쳐
진정한 의원을 보았다

억울함을 호소하던 민초
외치는 의원을 보고 안도한다
우리 이야기를 들어줄 선량
찾았다 기뻐한다.

탄원서 내민 손
말도 꺼내기도 전 끌려 나왔다
잘난 사람은
검은색 리무진 타고 사라지고
어리둥절한 민초,
"아까 질의하던 의원은 다른 사람인 모양"
혼잣말한다.

오늘도
의사당 앞거리에는
들어주지 않는 슬픈 이야기
이 막은 시작도 안 했는데
이곳 연극은 늘
일 막으로 끝난다.

똥이 되고 싶소(1)

여의도에는
들어가기만 하면
똥 되는 곳이 있다

바람 부는 날이면
왕십리까지 냄새가 난다
요즘은
양평 까지도 난다

분명 잘 가꾸어진
신선한 채소, 과일, 열매
순전한 양심, 공정한 정의, 굳은 신앙
고상한 지식도
그곳에 가면 똥이 되고 만다.

그래도
서로 똥이 되겠다 한다.
가고 싶어 아우성친다.
그럼
부글부글 끓어 배 아프게 하지 말 든가

사월이 되면
오만 썩을 것들이
따뜻해지는 햇볕에
잘도 썩겠지
끝내 똥 버리지 인데

똥이 되고 싶소(2)

이만 천이백일 전
똥물 튀어 진동하던 곳
그때나 지금이나 여전하네

풍족한 세상
썩을 그것이 변했다
소시지, 햄버거, 치킨…
패륜, 불륜, 부정, 부패, 부도덕…
바다 건너온 임이나 이 땅에 자란 임이나

모양 다르다 설사 되고
색깔 다르다 된똥 되나
쌈질로 복통 일으키는 것은 같다
활명수만 있어도 될 것을
수술대에 올리는 똥 버러지

혼자 먹기 불편하면
"옜다, 너도 먹고 나도 먹자
내 돈이냐 네 돈이냐?"
어차피 똥 될 것을

땡볕에 땀 흘리는
민초는 개돼지 되고
등골 빼먹은 임은 호의호식
똥 잘 싸고 있다

그 쌀이 피땀인데
인심 쓰는 임은 거침없다
창고야 비든 말든
마음 약한 놈
불쌍한 놈들이 채우겠지

그래도
똥 되려는 임은
차고 넘친다.

선거 때만 고개 숙인 임

행복했다 말하고 싶다.

누가 나더러
행복했느냐 물으면
그렇다고 말할 것이다.
행복했으니까

그러나
누가 나더러
불행했느냐 물으면
그렇다고 말할 것이다.
불행한 일도 있었으니까

인생은
그런 것
꽃길만 걷고서야
아름다움을 알 수 있었을까

가끔은 거친 큰 바위
자갈밭 지나고서야
어렵사리 핀 꽃 보며
행복한 미소를 지을 수 있지

그래도 누가 물으면
행복하다
말하고 싶다

변할 수 있을까_다른 놈을 뽑았었나

때만 되면
찾아오는 상냥한 그들
잊을 만하면 찾아오네

그놈이
그놈이란 소리 들으며

벌써
4년이 지나버렸나
때만 되면 찾아오는
상냥한 그들

잊을 만하면 찾아오네.
그래도 그중 쓸만한 놈 있지 않을까

한 가닥
희망 지니고 투표하지만
그러나 또 한 번 속았어요.

"뽑아 줄 때
90도로 인사하던 모습은
간 곳 없고 왜 똑같은 지랄이지?"

잊혀진 가시의 꿈

시간의 흔적 하얗게 남아
화려한 꿈 넋두리

그 힘차게 헤치던 물결 소리
넘치던 기개
뛰어오르던 추억
네 유골의 노래되었다

꿈은 하늘 위에 나르고
단단했던 육신은
허물어져 간 곳이 없다

기억조차 없는
푸른 바다의 야망
흔적만이 꿈을 기억한다.

에필로그

누구나 한 번쯤 생각하지만
아무나 쉽게 실행하지 못하는 것
그것은 해냈다는 뿌듯함과 부끄럼이 앞선다.

시를 쓴다는 것은 멋진 작업이다.
숨기려 한 나의 모습이 어느 순간에
오롯이 그 시어 속에 젖어 들어
나의 생각이 지나온 인생이 벌거벗겨져 거기에 있다.

난해한 시를 읽고 머리가 아픈 경험 때문인가
두렵기만 했던 나는 박종규 교수님께서,
"그냥 끄적거리듯 쓰세요."
하는 말씀에 용기를 내어 용감하게 실천했다.

생각이 떠오르면 그 궤적을 따라
손이 가는 대로 솔직하게 썼다

시인은 쌀쌀한 가을밤에
하늘이 잘 보이는 교외로 나간다.

그곳에서 밝게 빛나는
달과 별을 본다.

현상을 보며 농부의 얼굴을,
하얗게 반짝이는 별들을 보며
아이들의 얼굴을 떠올린다.

나도 이제 시를 위한 심상을 잡으려
쌀쌀한 밤 별이 잘 보이는 곳을 찾아서
나서려 한다.

                          2024년 한여름 어느 날
                                시인 **이 광 우**

초판 인쇄	2024년 06월 24일
초판 발행	2024년 06월 27일
지은이	이 광 우
발 행 처	다담출판기획 TEL : 02)701-0680
	서울시 영등포구 영신로30길 14, 2층
편 집 인	박 종 규
등 록 일	2021년 9월 17일
등록번호	제2021-000156호
I S B N	979-11-93838-14-3 03800
가 격	12,000원

본 책은 지은이의 지적재산이므로 무단전재와 복제를 금합니다.